ことだま

野球魂を熱くする名言集

ノーアウト一塁・二塁——、絶好のチャンスで打順が回ってきた。
ベンチを見る。監督のサインは、送りバント。
かっ飛ばしたい気持ちをこらえて、きっちり三塁線へ転がす。
「ナイス、バントォ〜！」チームメイトの声。
1アウト二塁・三塁にして、後続に望みを託す。
いつも怒鳴ってばかりいる監督はグラウンドに目を向けたまま
「オーケー、いい仕事だ！」珍しく褒めてくれた。
なんとしても全員で1点を取りにいくのだ——。

野球が他のスポーツとは絶対的に違うところがある。
それは犠打があるってことだ。
自分を殺して、仲間を生かす——。
チームのために自己犠牲を払うのが野球なのだ。

もしスタメンに選ばれたら、まわりを見回してほしい。
マネージャーがいる、スコアラーがいる。
一塁と三塁にコーチャーがいなければ、思い切り塁を蹴って走れない。
スタンドではベンチ入りできなかった仲間が声を張り上げて背中を押してくれる。
グラウンド整備したり、ボールボーイでダッシュする後輩たちもいる。
いや、自己犠牲を払うのはチームメイトだけじゃない。

朝練や試合で早起きがつらいと思う自分よりも
もっと暗いうちから起きて弁当を作ってくれる母がいる。
応援に来られなくても「打ってこい！」と遠くで願う父がいる。

支えてくれる大勢の人たちに想いを巡らせて、打席に立つ選手は強い。
みんなの想いをつなげるために犠牲バントする。
戦う舞台は一発勝負のトーナメント。
どんなことをしても1点取って次の試合につなげたいから
自分を殺して仲間を生かすのだ。
そのプレーを、野球の神様はきっと見てくれている。
どこかでまた、大きなチャンスにして返してくれるはずだ。

野球で泣いたり笑ったり、そんな青春を謳歌する球児たち、
社会に出てもなお野球を心にがんばる人たち、
そして野球にたずさわる多くの方々に、
名監督や名選手の「野球の言葉」を贈りたい。
野球に青春を捧げることは、人生を学ぶに等しい。
だからだろう、野球を極めた名監督や名選手の言葉には
これからの人生を後押ししてくれる力強さがある。
ときに折れそうな心を支えてくれる優しさがある。
そうした「野球の言葉」は白球にのって
「ことだま」となってグラウンドに響くのだ。

目次

spring 瞬 —————————— 5

summer 華 —————————— 43

autumn 愁 —————————— 81

winter 討 —————————— 119

本書は、名選手・名指導者たちによる「野球の言葉」を
無名の球児たちの輝きを捉えた写真にのせて構成しました。
掲載写真と各ページの名言・解説とは直接関係ありません。
野球を愛するあなたの心に響き、人生を支えるチカラと
なるような言葉が見つかることを願っています。

・本書に記載した名言は、書籍、雑誌のインタビューなどから
　原則として発言者の許諾を得て引用・収録させていただきました。
・文中における敬称は略させていただきました。
・本書にご協力いただいた野球人のみなさまに心より感謝いたします。

spring 瞬

ベースを駆け抜けたその瞬間、アウトか、セーフか——。
野球は野手と走者の一瞬の奪い合いだ。
そのワンプレーが試合の流れを変えてしまうかもしれない。
桜咲く頃、本格的な野球の季節がはじまる。
いつ自分が打席に立つチャンスが回ってくるかわからない。
だから、練習で何度も何度もベースを駆け抜ける。
いつ訪れるかわからない、その一瞬のために
日々走って走って自分自身を磨くのだ。

がんばる理由

fight

走りながら何回も
心が折れそうになった。
でも、がんばる理由は
自分で見つける。

前田健太

前田健太が初めて甲子園のマウンドに立ったのは高1の夏だった。
同じPL学園だった巨人の18番「桑田2世」と騒がれた。
だが高2の春も夏も精彩に欠き、再び甲子園には出場できなかった。
その秋、自分たちが中心となった新チームは好成績を挙げ、
翌春の選抜出場を確実にした。
しかし、それは打線の活躍によるもので
前田の評価は「投球に成長が感じられない」と辛辣なものだった。
前田が真剣に走り込みをはじめたのは、それからのことだった。
咲く春を信じて、冬の間、下半身強化のために走り続けた。
球速は10キロアップし、140キロ後半の球が投げられるようになった。
高3春の選抜で前田は三振の山を築き、チームをベスト4に導いた。
走り続ける理由は、自分で見つける。
夢の舞台に駆け上がるために、ぼくたちは走る。

夢をつかむ

to catch a dream

夢をつかむことというのは、
一気にはできません。
ちいさなことをつみかさねることで、
いつの日か、信じられないような
力を出せるようになっていきます。

イチロー

イチローは「天才」ではない。
それは、ひとつひとつ積み重ねてきた努力なくして
イチローを語ることができないからだ。
夢を達成する方法はただひとつ——。
今、がんばればできそうなことを
確実に自分のものにしていくことだ。
そしてイチローはこうも言う。
「びっくりするような好プレイが、
勝ちに結びつくことは少ないです。
確実にこなさないといけないプレイを
確実にこなせるチームは強いと思います」
夢への一歩は、今日の練習から。

spring 瞬

背番号「19」

number nineteen

浪人時代の一年間こそ、
上原浩治の礎であり、人生の要である。
私は十九歳のこの年を
生涯胸に刻み付けるために、
プロ野球選手になって
背番号「19」を背負った。　　　上原浩治

上原浩治には背番号19にこだわる理由がある。
高校時代は控え投手で、公式戦登板はわずか3試合。
大学野球部からの誘いもなく、体育教師を目指して
大学受験するものの不合格になり、まさかの浪人生活へ。
「大学で野球がしたい」。上原は野球に飢えていた。
予備校に通い、受験勉強を必死にやった。
トレーニングも欠かさずにやった。
夜は警備員や道路工事のアルバイトもやった。
"雑草魂"上原の原点は、この一年間にある。
野球エリートと呼ばれる人たちとは歩んだ道が違うからこそ、
絶対に負けない反骨心が芽生えたのだ。
浪人時代のあの19歳の自分を忘れないために、
背番号「19」を背負ってメジャーのマウンドに立つ。

逆境

adversity

どんな技術やパワーよりも
逆境に強い力を
持った選手になりたい 松井秀喜

松井秀喜は言う。
「僕は、生きる力とは、成功を続ける力ではなく、
失敗や困難を乗り越える力だと考えます」
本拠地開幕戦ヤンキースタジアムで満塁ホームランという
華々しいメジャーデビューを飾った松井だが、
スランプやケガに苦しんだ野球人生でもあった。
そんな松井の座右の銘は
星稜高校時代の恩師・山下智茂監督の言葉だった。
「心が変われば行動が変わる
行動が変われば習慣が変わる
習慣が変われば人格が変わる
人格が変われば運命が変わる」
野球選手に一番必要なのは野球の才能ではない。
失敗を乗り越える強い心だ。

spring 瞬

センス
sense

センスは「ある」とか
「ない」とかいうものではない。
それは「磨く」ものなのだ。

工藤公康

練習しても練習しても、うまくいかない。
「自分には野球センスがない」と嘆くこともあるだろう。
でも、思い込みで可能性を閉ざしてしまうことはない。
工藤公康は現役時代、守備センスがないと言われた若手捕手と
バッテリーを組んだ際、「この配球では打たれる」と感じながら、
あえて捕手のリード通りに投げ、打たれたことがあった。
悔しさを通してその若手捕手・城島健司はセンスを磨き、
日本を代表する捕手に成長したのだった。
誰かと比べて自分はセンスがないな、と感じたら、
その瞬間から切磋琢磨の道がはじまる。

ウォーミングアップ

warm-ups

練習前のウォーミングアップは
強化のためのトレーニングじゃない。
「動ける身体になるまで温める」という
目的を忘れないでほしい。

桑田真澄

spring 瞬

野球界にはいくつもの「常識」が存在する。
毎日のウォーミングアップを「当たり前のこと」と、
何の疑問も抱かずに惰性でこなしてはいないだろうか。
身体が温まりやすい夏場にダッシュを何本も走って、
温まるどころか、疲れさせてはいないだろうか？
自分たちがやっていること、やらされていることは
本当に理にかなっていて、身になっているのか？
桑田真澄は「常識を疑え」と球児たちに提言する。
間違った練習をして、野球が嫌いにならないように。

三年間

three years

高校での三年間が間違いなく
一番しんどかったです。
でもね、高校での三年間がなかったら、
間違いなく今の僕はいないんですよ。

宮本慎也

宮本慎也は伝説的な厳しさだったPL学園での寮生活を
乗り切ったことが、今の礎になっているという。
日々繰り返される苦しい練習、何かと気を遣う人間関係、
疲れていても両立しなければならない勉強……。
今、似たような境遇に身を置く人もいるかもしれない。
毎日がただただ大変で、絶望感を覚えることも多いだろう。
それでも、「今」を一歩一歩乗り越えていこう。
この先、それよりしんどい時期はそうそうない。
きっと「あの三年間があったから」と言える人生が待っている。

勝者
winners

いちばん練習をやったやつが
最終的には勝つんや！

糸井嘉男

今や球界を代表する外野手である糸井嘉男は、
プロ入団時は投手だった。しかし投手としては芽が出ず、
外野手に転向。もはや後がなくなった糸井は、
ファームでひたすらバットを振る日々を送る。
先の見えない不安な毎日の支えになっていたのは、
「いちばん練習をやったやつが最終的に勝つ」という
大村巌コーチの激励だった。たとえ今は劣っていても、
大事なのは最後に勝者になれるかどうか。
まだ何も成し遂げていない君だから、チャンスがある。

spring 瞬

目標

goal

僕は夢は見ない。
常に目標を掲げる。

松坂大輔

甲子園春夏連覇達成、プロ1年目から最多勝に輝くなど
"平成の怪物"の名をほしいままにした松坂大輔は、
「夢」という言葉を好まない。夢は見るもので、
かなうとは限らないものだと考えているからだ。
横浜高校時代に恩師・渡辺元智監督から授けられた
「目標がその日その日を支配する」という金言を胸に抱き、
松坂はこれまで多くの「目標」に到達してきた。
夢を見るのではなく、目標を掲げ、そこに近づく。
願いがかなったとき、また新たな目標が見えてくる。

日常生活

daily life

日常生活こそ野球に結びつく。
日常生活をいい加減にしていたら、
野球もいい加減になってしまう。　　T-岡田

毎日野球に打ち込んでいると、野球以外が後回しに
なったりはしないかい？　練習はキツイし疲れる。
休みの日にも試合が入る。勉強、食事、部屋の片づけ……、
ついおろそかになってしまうのも無理はない。
そんなとき、T-岡田（岡田貴弘）が、履正社高校時代に
岡田龍生監督に教わった考え方が心に響いてくるだろう。
T-岡田は、これが野球部で過ごした高校3年間で得られた
一番大きなものだと断言する。なぜなら、
本当に日常生活をきっちりしてみたら、
野球もきっちりできるようになったからだ。

アピール

appeal

積極的に動いて自分を
アピールしよう。
受け身で待っていたって、
いいことなんか何もない。

井口資仁

新しい環境に飛び込めば、誰もが慣れることに苦労する。
日米通算2000本安打を放った井口資仁は、新しい環境に
溶け込むコツを「自分が持っているセールスポイントを、
一番最初にしっかりアピールすることが大事」と語る。
ダイエー、ホワイトソックス、ロッテなど、
日米のべ6球団を渡り歩いたからこそ言える言葉だろう。
新年度、新チーム、まだ周囲が君のことを知らないとき、
足の速さでも、肩の強さでも、声の大きさでも何でもいい。
積極的に動いて、自分の武器をアピールしよう。

spring 瞬

特別なもの

something special

僕は、野球は特別だと思っています。
野球だから与えてくれる素晴らしいもの
がたくさんある。　原田英彦 龍谷大平安高校監督

野球で学べる我慢、辛抱が一番の財産になる——。
信念の人、原田英彦監督は胸を張って断言する。
かつて、名門「平安」には長く低迷した時期があった。
新入部員17人中、キャッチボールをできる部員が2人。
そんな絶望的な状況のなか、新たに就任したのが、
"日本一の平安ファン"を自任する原田監督だった。
延々と何十周もボール回しを繰り返し、繰り返し、
そしてチームとしての誇りを平安ナインに叩き込んだ。
2014年春の選抜優勝は信念でつかんだ栄冠だった。

spring 瞬

見えないところ

behind the scenes

努力は人が見えないところで するものだ。 努力を積み重ねると、 人に見えるほどの結果が出る。

長嶋茂雄

チームメイトと一緒に汗を流し、息を切らして走り、
ふらふらになるまでノックの球を追う。
今日も思い切り練習した。全力を出し切った。
でも、君が心地よい疲れのなかにいるとき、
誰かがどこかでまだバットを振っているかもしれない。
スーパースター長嶋茂雄は、試合が終わって帰宅した後も
黙々とバットを振り込むことが多かったという。
親友の深澤弘アナウンサーは、しばしばその素振りに
夜遅くまでつき合ったと証言している。
大きな仕事の陰には、必ず人知れぬ努力がある。

人生の要素

elements of life

野球の試合の中には、
人生のすべての
要素が詰まっている。

中村順司　PL学園高校元監督

PL学園を1980年から18年間にわたって率いた
中村順司元監督（現・名古屋商科大学監督）。
春夏の甲子園優勝6回、歴代2位の通算58勝を挙げ、
桑田真澄、清原和博の「KKコンビ」をはじめ、
立浪和義、野村弘樹、宮本慎也ら数多くの名選手を育てた。
そんな名将の座右の銘は「球道即人道」。
野球の道は、そのまま人の道に通じると説く。
その薫陶を受けた教え子の多くが野球人生で花を咲かせ、
引退した後の人生でも社会に大きく貢献している。

不思議な力

mysterious power

野球に限らず、どんなことでも
最後は「人」に行きつく。
磨かれた人間の
思いが集まることで、
不思議な力が発揮される。

西谷浩一　大阪桐蔭高校監督

2008年以降、甲子園優勝4回を数え、今や高校球界の
大横綱となった大阪桐蔭。野球の技術だけでなく、
寮生活を通して「人作り」にも力を入れる方針の背景には、
同じく「人作り」を掲げる西谷浩一監督の母校・報徳学園の
影響が大きい。磨かれた人間が集まる報徳学園は、
理屈では説明しきれない大逆転劇を甲子園で何度も演じて
"逆転の報徳"と呼ばれた。そのイズムは西谷監督を通して
大阪桐蔭にも引き継がれ、絶対的な勝負強さを発揮している。

積み重ね
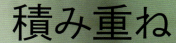
day by day

積み重ねてきたものが
たくさんある者は、
やっぱり強い。

小川泰弘

高校時代の小川泰弘を見たことがある人間なら、この投手が
プロでエースになるとは想像できなかったに違いない。
身長171センチ、球速130キロ台の平凡な投手は、
創価大時代に運命的な一冊の本に出合う。
『ノーラン・ライアンのピッチャーズバイブル』。
小さな身体を最大限に使うため、左足を極端に高く上げる
難しいフォームの習得を決意した小川は、
トレーニングで下半身をとことん鍛え抜く。
小さな積み重ねが、小さな投手を大きく花開かせた。

spring 瞬

苦しい練習

hard training

野球を楽しむこと。
でも、試合で
結果が出なければ楽しくない。
野球を楽しむためには、
苦しい練習が必要です。

坂本勇人

侍ジャパンのショートをさっそうと守る坂本勇人。
華やかなプレーの陰では、血のにじむような努力があった。
プロ2年目の2008年以降、毎年ほぼ全試合に出場。
体調が悪い日や、ケガの痛みを押して出る日もある。
それでも、坂本は野球を楽しむ。そして楽しむために、
苦しい練習をする。練習するから結果を残せる。
結果を残すから野球は楽しい。楽しむためには……。
ぐるぐる回るサイクルの、どれが欠けてもダメだ。
「苦しい練習」のときにはそのことを思い出せ。

スタベン

bench warmer

おれは今日もスタベンだって言ってた。
スターティングベンチ。
でも楽しかった。
それは、自分の仕事があるから。
バット引きでも、声出しでも、
おれの仕事。

川﨑宗則

背番号がもらえずに、スタンドで声を涸らしてチームを応援する。
しかしそれもチームにとって欠かせない仕事だ。
2009年、川﨑宗則はWBC日本代表メンバーに選出されたものの、
控え選手だった。スターティングベンチだから「スタベン」。
中学で本格的に野球をはじめたときも、
プロ入りしたときも、レギュラー獲得まで時間がかかった川﨑は、
与えられた役割を精一杯やり遂げる、
それが大きなチーム力を発揮することを知っている。
多少英語が不自由でも積極的にテレビ出演したり、
ベンチでパフォーマンスを披露してチームメイトをなごませる。
チームを盛り上げるのは、1本のヒットばかりではないのだ。

凡事徹底

前橋育英高校

前橋育英・荒井直樹監督の座右の銘は「凡事徹底」。
「当たり前」のことを徹底するという意味だ。
一塁まで必ず全力疾走する、キャッチボールを丁寧にやる……。
2001年の監督就任以来、前橋育英は「いいチーム」と
評判になることはあっても、なかなか結果が伴わなかった。
それでも、何ものにも惑わされることなくチームを作り続け、
迎えた2013年。夏の甲子園に初出場した前橋育英は、
並み居る名門校を次々に倒し、初出場初優勝を飾る。
「当たり前」を着実に重ねた末に咲かせた大輪の花だった。
野球に限らず、仕事でも日常生活でも「凡事徹底」。
手を抜かなかった者にだけ、幸福は訪れる。

得点シーンこそ、野球の華。
ベンチは総立ちで走者を迎え、スタンドは歓喜に沸く。
毎試合得点を重ねて決勝まで勝ち上がり
どのチームよりも一番長い夏を過ごしたい。
出塁して相手に揺さぶりをかけ
1点を取るために、緻密な攻撃を仕掛ける。
バッター、ランナー、一塁・三塁コーチャー、ベンチ、スタンド
想いをひとつにしなければ、華を咲かすことはできない。

summer

華

楽しい
enjoy it

summer 華

ユニフォームを着るとうれしい。
球場に行く、キャッチボールをする、
ゲームをする……楽しいじゃない?
その気持ちを持ち続けるのが
大事だと思う。

原辰徳

二死満塁、一打出れば
サヨナラ負けの緊迫した場面で、
マウンドに集まった選手たちに
向かって原辰徳は、
「みんな、野球って楽しいなぁ」
と言ってのけた。
究極のプラス思考なのか?
いや、それだけじゃない。
グラウンドに立ったときの高揚感、
手になじむボールの感触、
ユニフォームを着た誇らしさ。
野球をやった人間ならば
誰もが感じたプレーする楽しさを
忘れないでほしいと
伝えたかったに違いない。
たとえどんな苦しいときでも。

24時間

twenty four hours

平等に与えられた
一日24時間という時間を
どう使うかは自分たちに
任されています。
自分はそのすべてを野球に
つなげようと考えてきました。

菊池雄星

高校時代から「逸材」と騒がれた菊池雄星だが、本人いわく
不器用でセンスが乏しく、それを努力で補ってきたという。
24時間のすべてを野球につなげる──。
それは、24時間練習し続けるという意味ではない。
身体を回復させるためにしっかり睡眠をとる。
集中力と思考力を養うために、しっかり授業を受ける。
身体を大きくするために栄養バランスのとれた食事をとる。
すべて「野球のために」と考え、行動してきた結果、
菊池は誰もが欲しがる「逸材」になった。

一球入魂

spirit within

不思議なことに、迷って投げる球と
気合いの入った球は全然違う。
迷った球はどこに投げても打たれます。

前田健太

「自分は高校のときは、ストレートしか投げたくなかったんです。
もちろん配球として変化球もありましたけど、
ストレートにこだわりがあった」
前田健太はストレートへの想いをそう語る。
「ずっと求めていたのはキレです。
きれいなキレのあるボールを投げたかった。
手元でキレる球は自分の持ち味なんで。
回転が大事で、目安は低めですね。
高めのストレートはある程度みんな速いけど、
大事なのは低めでどれだけのボールを投げられるかです」
配球に迷ったら、気持ちを込めて内角低めにズバッと投げ込もう。
攻めの投球に守りも応えてくれるはずだ。

犠牲バント

sacrifice bunt

summer 華

野球ってスポーツがある限り、バントは絶対、永遠になくならない。

川相昌弘

ギネスブックに認定されている
通算533本の犠牲バント。
これだけの数字を積み上げた川相昌弘でも、
「おれだって、
やりたくてやっているんじゃない」
と感じたときもあったという。
ただ、こうも考えた。
野球をやる限り、バントはなくならない。
それならば、誰よりも
バントがうまくなってやろう。
もし君のバントがうまければ、
きっと仲間の力になれる。
野球というスポーツがある限り、
必ずチームに貢献できる。

野球人生
life is baseball

選手になれなくても ずっと野球を好きで いてほしい!

桑田真澄

本格的な野球を卒業した段階で「野球が好き」と思える。
そんな野球人生を送れる人になってほしい。
たとえプレーヤーとして成功できなくても、
野球に関わる仕事に就いたり、草野球を楽しんだり、
指導者として子どもたちに野球の楽しさを伝えてほしい。
桑田真澄はそんな野球人が世に出ることを望んでいる。
「自分は報われなかった」と、野球を恨むこともあるだろう。
でも、恨むくらい好きになれるものがあったということを、
どうか忘れずに、これからも野球を好きでいてほしい。

無心

innocence

無心になること。
打席で余計なことを
考えてたら、
絶対打てない。

中田翔

投手と打者があいまみえるコンマ数秒の世界では、
ときに思考が動きを鈍らせ、足かせになることもある。
侍ジャパンの若き4番打者・中田翔はこう語る。
「バットの出し方とか、そんなことを考えてたら
絶対に打てない。もちろん、打席に入るまでは練習で
フォームを考えるし、いろんなことを考えますけど……」
しっかりと準備をするのは打席に入るまで。
相手と対峙したら雑念も邪念も振り払い、
ただひたすら「無心」の境地で勝負に臨め。

挑戦
challenge

挑戦すれば、
成功もあれば失敗もあります。
でも挑戦せずして
成功はありません。
何度も言いますが挑戦しないこと
には始まらないのです。

　　　　　　　　　　　　　野茂英雄

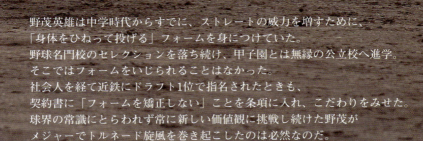

野茂英雄は中学時代からすでに、ストレートの威力を増すために、
「身体をひねって投げる」フォームを身につけていた。
野球名門校のセレクションを落ち続け、甲子園とは無縁の公立校へ進学。
そこではフォームをいじられることはなかった。
社会人を経て近鉄にドラフト1位で指名されたときも、
契約書に「フォームを矯正しない」ことを条項に入れ、こだわりをみせた。
球界の常識にとらわれず常に新しい価値観に挑戦し続けた野茂が
メジャーでトルネード旋風を巻き起こしたのは必然なのだ。

天国と地獄

heaven and hell

ピッチャーは一球で地獄を見る。バッターは一振りで天国に上がれる。

江夏豊

痛打を浴びて、マウンド上で崩れ落ちるピッチャー。
歓喜に腕を突き上げてダイヤモンドを回るバッター。
野球というスポーツは、ときに一瞬で明暗を分ける。
日本を代表するサウスポー、江夏豊は数え切れないほどの
バッターを抑えてきた。その大投手であっても、
きっとたくさんの地獄を見てきたはずだ。
グラウンドで味わう歓喜と屈辱、天国と地獄。
でも、恐れるな。だから野球は面白いのだ。

summer 華

summer 華

小さな大選手

big heart little giant

小さい身体がハンデだとは思いません。
気持ちで負けない限りは。　　　立浪和義

野球というのは
『小さい人はやってはいけない』
というルールがあるわけじゃない。
小さいなら小さいなりの
プレースタイルがある。　　　石川雅規

身体が小さくても、野球には必ず
『自分の居場所』があるものです。　松本哲也

野球というスポーツならば、身体が小さくても大丈夫。
そのことを偉大な先輩たちが教えてくれている。
身体を鍛え、技術を磨き、頭を使って居場所を見つけよう。
身体が小さいからできないポジションなんてない。
自信をもって躍動する選手は、とても大きく見える。

声出し

words of encouragements

それでウザがられたって構わない。
とにかく声をかけよう。年齢やキャリア
だって気にする必要はない。
たとえこれが世界の舞台であろうと、
人間には人からの声が必要なんだ。

稲葉篤紀

第2回WBCの侍ジャパン。イチローの調子がイマイチ上がらない。
しかしチームメイトはイチローに恐れ多くて
声をかけることができずにいた。
そんなとき、稲葉篤紀は「それでウザがられたってかまわない」と
イチローが凡打したとき「次、次、次！」と大声でハッパをかけ
ライトで好守を見せれば「ナイスプレー！」と声を張った。
おおげさに手を叩き、両手を挙げて喝采してみせた。
次第にチームメイトからも声が上がるようになっていった。
そう、野球は全員で声を出せば、チームがひとつになれるのだ。
決勝戦。侍ジャパンは韓国を相手に、延長戦に突入。
最後の最後にイチローが決勝2点タイムリーを放ち、
激闘を制したのだった。

summer 華

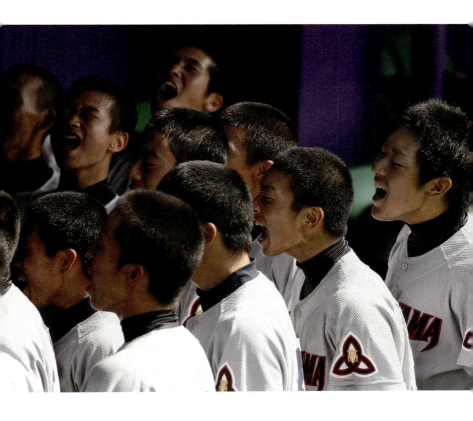

本気
devotion

本気になれば
世界が変わる。

佐々木順一朗　仙台育英高校監督

2001年春の選抜で、
東北勢として初めてチームを
決勝進出へと導いた
仙台育英・佐々木順一朗監督。
そのモットーは
「本気になれば世界が変わる」。
冬場は雪に覆われることの多い
東北地区であっても、
ひとたび勝負の世界になれば
言い訳にできない。
仙台育英は「東北勢は弱い」
というイメージを払拭し、
2014年秋には明治神宮大会で
2度目の優勝を飾っている。
なかなか結果が出ないときは、
自分がはたして
「本気」になれているのか
自問自答してみよう。
そして、世界を変えて
みせようじゃないか。

ファインプレー

fine play

難しい打球を簡単に捕る。これこそが、本当の意味でのファインプレーである。

宮本慎也

ダイビングキャッチやジャンピングスローは球場を沸かせる。
しかし、本当の名手は、飛び込まなければ捕れないような
難しい打球を、ポジショニングで先回りして正面で捕る。
宮本慎也は高校時代からボールを使わずに打球を
イメージして動く「シャドーノック」をしていたという。
難しいプレーを派手に見せない、玄人好みのプレースタイル。
そんな美学は、派手なプレーよりもずっとカッコいい。

summer 華

運命
destiny

小さなボールと一本のバットには運命と人生がつまっている。

長嶋茂雄

野球は一球、一打で人生が変わる。
1959年に行われた
プロ野球初の天覧試合でのこと。
4対4で迎えた9回裏、
巨人・長嶋茂雄が
阪神・村山実からレフトポール際に
サヨナラホームランを放つ。
天皇陛下を迎えた大一番での
大激戦に、国民は沸き、
野球は国民的スポーツへ、
長嶋は押しも押されもせぬ
国民的スーパースターへと
駆け上がっていった。
今日もどこかの町のグラウンドで、
小さなボールと
一本のバットが誰かの運命を
変えているかもしれない。

限界

limit

限界って自分が
思っているより上にあって、
まだ先なのにあきらめて
最後までやってない。
満足して勝手に自分で
限界をつくっているんだ。

緒方孝市

自分の限界って、どこにあるのだろう？
精一杯やった。もうこれ以上はできない。
手は抜いていないし、自分に甘えもないはずだ……。
現役時代、打ってよし、守ってよし、走ってよしの
三拍子そろった好選手として名を馳せた緒方孝市が
雑誌のインタビューで語ったこの言葉。
それは「自分自身」に向けられたものだ。
誰もが全力プレーと認めても、本人だけは感じていた。
リミットは、もっともっと上にあるはずだと。

summer 華

笑顔

smile

キツイときほど、笑っていようかなと思います。

阿部慎之助

4番でキャッチャー、そして主将。
巨人でも侍ジャパンでも、攻守の要、
そしてチームの精神的支柱として存在し、
2012年には打点王と首位打者の2冠に輝いた阿部慎之助。
キャッチャーというポジションは
どこか相手に嫌われるような意地悪なイメージがあるが、
阿部にはそれがない。
「慎之助は『陽』のキャッチャーでしょう。
明るい性格で、対戦相手からも好かれ、
攻めも守りも正攻法が持ち味です」と原監督は評する。
ピンチのときほど、笑顔でチームを盛り上げよう。

心

power of will

打たれても
心までは折られない。
そんなピッチャーで
いたい。

三浦大輔

息詰まるような投手戦で0対0のまま迎えた9回。
あろうことか、サヨナラ満塁ホームランを打たれたときに、
"ハマの番長"が自らに言い聞かせたのがこの言葉だ。
そして、けっして下を向くことなく、まっすぐに
前を見据えたまま、静かにマウンドを降りた。
ピッチャーを"選手"や"人間"に置き換えてもいい。
チームが弱かったり、負け試合が続いたりすれば
心が折れそうになることもあるだろう。
そんなときはこの言葉を思い出してほしい。
負けても"強い選手""強い人間"はいるのだ。

summer 華

裏方

effort in the background

決して表に出ることのない人たちも
一生懸命、何かチームの中で
役に立ちたいという
ささやかな思いでやっている。

入来祐作

ソフトバンクの三軍投手コーチに就任したとき、
下積み経験について目頭を熱くして語った入来祐作。
社会人からドラフト1位で巨人に入団。日本ハムを経て、
メジャーに挑戦したこともある入来は現役引退後、
どうしても野球から離れられず、
横浜（現DeNA）で打撃投手を2年、用具係を4年務めてきた。
現役時代、力投派だった男は、熱血漢の指導者として
再びグラウンドに帰ってきた。
選手は諦めたけど、マネージャーやスコアラーになっても
チームに携わりたい。ベンチ入りできなくても、
率先してスタンドで盛り上げ役を買って出る。
そんな思いの仲間が身近にいたら、
彼らの分までがんばれる選手になりたい。

強気
excitement

ドキドキするな！
ワクワクしていけ！

松田宣浩

ただでさえ痺れる試合で、より緊張が高まる場面がある。
ピンチのとき、自分にボールが飛んできたとき……。
それは守備のイニングだけで起きるとは限らない。
やっとつかんだ絶好のチャンスで自分に回ってきたら、
バッターボックスではいつもより硬くなるだろう。
そんなとき、心臓がドキドキして身体がガチガチになっては
打てるはずのボールも打てなくなる。
弱気ではなく強気で。ドキドキではなくワクワクで。
松田宣浩は自分自身に言い聞かせるだけでなく、
チームメイトにもこの言葉をかけて、背中を押す。

機動破壊

健大高崎高校

学校の共学化に伴い、2002年から野球部が創設された健大高崎。
青柳博文監督は自身が強打者だったこともあり、
「大砲をそろえて打ち勝つ野球」を目指す。
しかし、甲子園は遠かった。そこで指導方針を
180度転換した青柳監督は、こんなモットーを掲げる。
「打たなくても、勝てることを教える」。
ただやみくもに走るのではない。投手の牽制球のクセを探り、
盗塁をするため相手が変化球を投げるカウントを読む、
そんな「観察眼」も徹底して鍛えた。その結果、健大高崎は
「機動破壊」の旗印で甲子園に旋風を巻き起こしたのだった。
戦うための武器はどこに転がっているかわからない。
自分たちにできることを徹底的に磨き込め。

autumn

愁

トーナメントの無情。

ひとつも捨てていい試合なんてない。

負けたらそこで、夏が終わる。

だからどんな試合も憂愁を帯びたものになる。

とめどなく涙があふれ出るのは

負けて悔しいからではない。

終わりたくない。まだ仲間と野球がしたい。

惜別の想いがこみあげてくるからだ。

泣いたってかまわない。

3年間の厳しい練習に耐えた

自信と誇りを胸にスタンドに一礼する。

どの選手も心の中に、自分だけの甲子園がある。

栄光

glory

苦しまずして栄光なし。

黒田博樹

高校生のとき、黒田博樹は西郷隆盛が詠んだ漢詩の一節
「耐雪梅花麗（雪に耐えて梅花麗し）」に深く感銘を受けた。
梅の花は、冬の雪を耐え忍ぶからこそ、初春に美しい花を咲かせる。
——苦しまずして栄光なし。黒田の原点がここにある。
思い返せば、高校時代の黒田は苦難の連続だった。
当時、大阪屈指の甲子園常連校だった上宮高校へ進学。
しかし、すぐに全国レベルの選手がそろう
名門校に入ったことを後悔する。
練習試合で打たれれば、監督の「走っとけ」の一言で走り込み。
ボールをさわらせてもらえず、「もういいぞ」と言われるまで、
数日間、朝6時から夜10時近くまでただ黙々と外野を走り続けた。
ボールを探すふりをして、外野裏の川の水を飲んだこともある。
「公式戦で投げた記憶はない」
高校時代、3番手投手で苦渋を味わい続けた黒田の姿から、
いったい誰がメジャーのマウンドに立つ彼を想像できただろうか。

autumn 愁

取り返す

recovery

バッティングでダメだったら
守備でがんばろう。
守備がダメだったら
バットで取り返そう。
引きずったまま、
どっちもダメっていうのが
最悪じゃないですか。

山田哲人

エラーを引きずってしまって、バッティングも散々……。
そんな経験をしたことがある人は多いだろう。
悪循環にはまってしまうと、マイナス思考になりがちだ。
山田哲人はプロ1年目、一軍出場ゼロにもかかわらず、
故障者続出でクライマックスシリーズのスタメンに抜擢された。
初回に失点につながる手痛いエラーを喫するが、
それでもひるまず追撃のタイムリーヒットを放つ。
人間だから失敗するのは仕方ない。大事なのはその後、
気持ちを切り替えてどれだけ取り返せるかだ。

悔しさ

heartbreak

悔しさは、それに耐えられる人間にしか与えられない

松井秀喜

夏が終わる。涙がとめどなくあふれる。
思いっきり泣くがいい。その悔しい思いが
君をよりいっそう成長させるから。
松井秀喜は4度目の出場となる
高3の夏の甲子園で、
2回戦に明徳義塾高と対戦した。
そこで5打席連続敬遠に遭う。
ランナーがいない場面でも
勝負してもらえず、2対3で敗れた。
松井の最後の甲子園は終わった。
「勝負せい！」メガホンが投げ込まれ、
スタンドから怒号が飛び交うなか、
松井だけが感情を表に出すことなく、
静かにバットを置いて
一塁へ向かう姿が印象的だった。
試合後のインタビューでも冷静だった。
しかし松井は宿舎でひとりになると、
夏が終わってしまった悔しさがこみあげてきて
思わず涙がこぼれたという。

autumn 愁

積極的

stay in positive

消極的な成功よりも
積極的な失敗を。

原辰徳

積極的にやりなさい、と言われることは多いが、
なかなかその通りにはできない。失敗が怖いからだ。
2008年、遊撃手に故障者が続出した巨人は、当時19歳の選手を
レギュラーに抜擢した。守備も打撃もまだ一流とは言いがたい。
常に勝利を求められるチームでは、萎縮してもおかしくない。
そんな粗削りな若武者は、指揮官からこう言われていた。
「オレは消極的なミスをしたら怒る」
この言葉に勇気づけられた選手は、若さを前面に出して
アグレッシブにプレーし、日本を代表する遊撃手に成長した。
その名を「坂本勇人」という。

逃げない

face things

苦しいからといって
逃げても何も始まらない。
結局は逃げても
無駄なんです。

田中将大

日米を通して34連勝の大記録を打ち立てた田中将大。
記録が途切れるかもしれないプレッシャーと戦いながら、
3シーズンにまたがって先発した試合では
実に42試合連続で負けなしだった。
野球に限らず、どんな世界でも一流になるには
厳しさがともなうと、田中は語る。
"ああ、逃げたい"とか"しんどいから辞めたい"と
嘆いてほかの場所に移ったとしても、
その新しい場所で同じような苦しみが必ず襲ってきますから。
だったら、自分のやりたいことに逃げずに力を注ぎ、
自分に甘えずに立ち向かっていってほしい」
苦しいからといって言い訳したり、逃げていては何もはじまらない。
野球も、そして人生も。

ピンチ

pinch

ピンチでは
「死ぬわけじゃない」
と言い聞かせる。

杉内俊哉

数々の修羅場をくぐり抜けてきた杉内俊哉ほどの投手でも、
マウンドに上がるのが不安なときがあった。
とくにWBCのような国を背負った国際大会では、
ピンチに怖いと感じたことすらあったという。
そんなとき、気持ちを落ち着かせ、
活力をみなぎらせる「呪文」がこの言葉だった。
ピンチが怖いのは、どんな試合でも同じこと。
例えば、大切な最後の公式戦や地区大会の決勝戦。
打たれても、負けても、命まで取られるわけじゃない。
さあ、思い切っていけ！

autumn 愁

努力

endeavors

努力は必ず報われる。もし報われない努力があるのなら、それはまだ努力とは呼べない。

王貞治

「あれだけ練習したのに……」と嘆くことは多いだろう。
しかし、それ以上に練習をしている人がいるかもしれない。
あの世界に誇るホームランバッター・王貞治でさえ、
師匠・荒川博との二人三脚による鍛錬の日々を過ごした。
ときには日本刀で素振りという壮絶な練習もしたという。
こうして、868本もの本塁打を積み上げていったのだ。
パナソニック（松下電器）創業者の松下幸之助は言った。
「失敗したところでやめてしまうから失敗になる。
成功するところまで続ければ、それは成功になる」

やってみる
try

やらないことには、
結果が出るか出ないかわからない。
先に答えを欲しがるのは、
甘えでしかない。

工藤公康

失敗を恐れて守りに入る弱さは、人間なら誰しもあるだろう。
行動する前にいろいろと悪い結果を考え、尻込みする。
それはときに自分への「甘え」となり、停滞の原因になってしまう。
工藤公康は現役時代、トレーニングをしたら成績がよくなるかと
聞いてきた若手選手に「わかんないよ」と答えている。
そして、でもその成果が2、3年先に出れば、
やってよかったと思うんじゃないの、と続けている。
トレーニングしても成績がよくなるかどうかはわからない。
でも、悪い結果を恐れてやらなければ、何も得られない。
「答え」は先に出ているのではなく、後に残るものなのだ。

autumn 愁

ケガ

misfortune is an opportunity

ケガをした選手は
前よりもすごくなる

松井秀喜

2006年5月、松井秀喜は浅めのレフトフライに
スライディングキャッチを試みた際に、
伸ばしたグラブが芝生にひっかかり、
左手首を骨折。日米通算連続出場記録が
1768試合で途切れてしまう。
その後、両膝も手術して、
2009年のヤンキースではもはやDHでの
出場機会しか得られなかった。
しかし、その年のワールドシリーズ最終戦で、
先制2ランを含む4打数3安打6打点の活躍で
シリーズ制覇に貢献。シリーズ通算6割1分5厘、
8打点、3本塁打で日本人初の
ワールドシリーズMVPを獲得したのだった。
ケガから復活した君は、前よりずっと強くなれる。

前へ
move forward

迷ったら前へ。
苦しかったら前に。
つらかったら前に。
後悔するのはその後。
ずっと後でいい。 　　星野仙一

苦手なバント、不安な守備、課題の多いバッティング……。
「失敗したらどうしよう」とその場で立ちすくんでしまう。
そんなときには、闘将・星野仙一の言葉を思い出してほしい。
「前へ」。これは、明治大学ラグビー部の北島忠治監督が
67年間の監督生活で部員に伝え続けた敢闘精神だ。
その「明治魂」は明治大野球部出身の星野にも受け継がれた。
ドラフトで巨人から指名の確約を受けながら果たされず、
この屈辱をバネに、星野はプロで"巨人キラー"になった。
どんなことがあっても熱く、魂を燃やして、前に進もう！

autumn 愁

コントロール

self control

投手には二つの
コントロールが必要なんです。
技術的なボールの
コントロールと、
心のコントロール。

牛島和彦

さほど大きくない身体なのに、高校時代は甲子園のスターとして
選抜準優勝。プロ入りしてからも先発に、リリーフにと
大活躍をした牛島和彦を支えたのは、緻密なコントロールと、
何があっても動じない抜群のマウンド度胸だった。
どんなに速い球を投げることができても、ストライクが
入らなければ野球にならない。どんなにブルペンで
調子がよくても、マウンドで我を失っては力が発揮できない。
だから、ボールと心、二つのコントロールが欠かせない。

ドンマイ

don't mind

「ニュー・デー
（new day）！
ニュー・デー!」
要するに
「打たれても気にするなよ」
ということだ。
「また次の日、
がんばれば
いいじゃないか」と。

上原浩治

autumn 愁

ここで一本というときに凡打してチャンスを潰した日。
自分の失策で得点を許してしまった日。
抑えなければいけない場面で打たれ、逆転負けを喫した日。
「失敗は、『経験』というかけがえのない財産をくれる」と、
上原浩治は言う。
しかし、失敗をいつまでも引きずってはならない、とも。
悪いイメージを払拭できずにいると、
失敗を怖れてますますいい結果が遠ざかる。
打たれたとき上原は、ボストンの仲間から
「ニュー・デー！　ニュー・デー！」と明るく励まされた。
「また次の日、がんばればいいじゃないか」と。
メジャーリーガーでさえ、仲間が苦しんでいるときこそ、
合い言葉のようにそう声をかけるのだ。

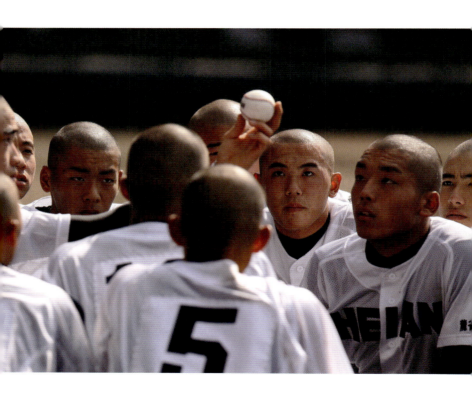

autumn 愁

奥が深い

profound

野球ほど奥が深く、
そして面白いものはない。

小宮山悟

ピッチャーがボールを投げて、バッターが打つ。
突き詰めればそれだけなのに、知れば知るほど野球は面白い。
学者のような風貌に、精密機械を思わせるピッチングで
"投げるプロフェッサー"と呼ばれた小宮山悟。
高校卒業後、2浪の末に早稲田大に入り、野球部に入部。
プロ入り後も、メジャー挑戦、所属チームなしの"評論家"を
経てから現場復帰するなど、とことん野球にこだわった。
その小宮山が雑誌のインタビューで「これだけは言いたい」と
わざわざ前置きして残した言葉は、それ自体も奥が深い。

言い訳

no excuse

失敗を失敗として
ちゃんと認める。
言い訳は進歩の敵。

宮本慎也

野球は自責点や失策など、ネガティブな記録が残り、
責任の所在が個人に向きやすいスポーツでもある。
「あれくらいのショートバウンドなら、しっかり捕ってくれよ」
「右打ちばかり求められるから打率が残せないよ」……。
そんなエクスキューズをしたくなる気持ちは理解できる。
しかし、そんなことを言っていては前に進めない。
25歳でプロ入りし、守備固めから起用され、
制約の多い役割にもかかわらず2000本安打を達成した
宮本慎也の生き様から学ぶべきことは多い。

autumn 愁

チャンス

chance

苦しい思いをした人間だけが
逆境をチャンスに変える。

高嶋仁 智辯和歌山高校監督

智辯和歌山は夏の和歌山大会ではあえて練習量を落とさず、
追い込んだ練習を続ける。疲れを残しながらも必死で勝ち進み、
甲子園出場を決める頃には、調子がピークになっている。
全国制覇を狙うチームならではの調整法だが、
実際に数多くの逆境をチャンスに変え栄冠を手にしてきた。
歴代最多となる甲子園通算63勝を挙げている高嶋仁監督は、
自身も「お遍路さん」となり四国八十八箇所巡りをするなど、
求道者として知られる。今、苦しい境遇にある人ほど、
その苦しさを前向きにとらえてほしい。

autumn 愁

やめない

perseverance

やめる理由を探すより、
続ける理由を探しなさい。

下柳剛

高3の夏が終わろうとも
だからといって、君の野球すべてが
終わったわけじゃない。
ダイエー、日本ハム、阪神、楽天と
4球団を渡り歩いた下柳剛は
2012年オフに楽天から戦力外通告を受けると
44歳にしてドジャースのトライアウトに挑戦。
最終候補まで残ったものの夢かなわなかった。
それでも「いったんユニフォームを脱ぐが、
いつでも投げられるように練習は続ける」
と、ずっと野球にしがみついていた。
今でも瓊浦(けいほ)高時代の
恩師・安野俊一監督の言葉を想い出す。
「野球選手は、"我慢"を食うんだ!」
好きな野球を続けられるなら
どんな試練だって耐えてみせる。

113

野球が好き

I like baseball

野球が好きでした。
こんなに好きな野球を
一日たりとも休めますか。

衣笠祥雄

2215試合連続出場のプロ野球記録を持ち、国民栄誉賞を
受賞した衣笠祥雄。デッドボールを受けて骨折しながらも、
翌日の試合に出場した。そんな「鉄人」を突き動かしていたものは、
「野球が好き」という極めてシンプルな感情だった。
苦しい練習で疲れてくると、次第に野球が楽しく感じられず、
惰性で続けるだけになったり、サボってしまいたくなる。
そんなときこそ、「野球が好き」と思った瞬間のことを
思い出してほしい。野球をできる時間は無限じゃない。
好きな野球だから、常に全力を尽くす。

諦めない
no surrender

どんなに苦しい時でも、
諦めようとする自分がいなかったし、
諦める自分もいなかった。

イチロー

塁上でしばらく立ち上がれないほどの苦しさ——。
野球を突き詰めていけば、「苦しい」ことの連続だ。
しかし野球を「つらい」と感じてしまうのは違う。
「苦しい」から、君は伸びるのだ。
イチローは「壁」に直面したとき、それを飛躍のチャンスだと捉える。
常に今よりも上を目指していなければ「壁」を感じることはできないし
「壁」は、それを越えられる可能性がある人にしか訪れないものだから。

一球同心

大阪桐蔭高校

腕に覚えのある野球のエリートが集う大阪桐蔭。
入学を希望しても年に80人前後は断られるという狭き門を、
将来プロ野球選手になることを志す精鋭がくぐってくる。
それでも、大阪桐蔭が掲げるモットーは「一球同心」。
ベンチメンバーから外れた3年生が率先して偵察班など、
裏方やサポートに回り、部員全員の心を一球に込める。
2012年には、春の選抜で4番打者として活躍した選手が、
夏の甲子園では不振でベンチ外になってしまった。
しかし、その選手は灼熱のアルプススタンドに立って
応援団旗を支え、「春夏連覇」に貢献したのだった。

討

winter

守りで敵を討つ ——。
野球は、絶えず守備側がボールを支配してプレーが進む。
守備によって攻撃を封じ込め、敵を討ち取る。
守りは同時に攻めでもあり
だから最後は守備でミスしたほうが負けるのだ。
一球も飛んでこない試合だってある。
だけど、練習では倒れるほどノックを受ける。
立ち上がって泥だらけになって打球に飛びつく。
いつ訪れるかもしれない、
野手と走者が交錯するその一瞬のために……。
そうしてまた野球の季節、瞬 華 愁 討 は巡るのだ。

自分を知る

know yourself

自分を知ることが大事です。
自分のことを
知るということは自分に合う
投げ方を知ることですから。

金子千尋

日本を代表するエースに成長した金子千尋は、
まるで"ピッチング・オタク"と言ってもいいほど、
変化球や投球術について研究熱心なことで知られる。
どうすればバッターに打たれないのか。
その一点を目的にした探求心は、自身にも向けられる。
いったい、どのようなピッチャーになるべきか。
自分の長所、短所を知り、長所は伸ばし、短所は補う。
心を空っぽにして、素直に自分と向き合えば、
次にやるべきことがきっと見えてくるはずだ。

ライバル
rivals

winter 討

ライバルを持つこと――。
それは自分を駆り立てるための
強いモチベーションになる。 上原浩治

誰もがチーム内にポジションや
背番号争いで「アイツさえいなければ……」と
思うようなライバルはいるだろう。
上原浩治は学生時代から同い年の高橋由伸と
川上憲伸を常に意識していた。
とくに憲伸は同じポジションで、
同時期にメジャーに移籍。
憲伸のほうが契約条件がよかったことに、
上原の反骨心はさらに燃え上がった。
自分が戦わなければならない最も手強い敵は
弱さや甘えのある自分自身の心であり、
「ライバルは自分を動かす原動力だ」
と上原は言う。
アイツがいたからこそ今の自分がある、
そう言えるようなライバルの存在が必要なのだ。

winter 討

覚悟
resolution

いつ最後の一球、最後の登板になってもいい。そういう気持ちでやってきた。

黒田博樹

カープへの復帰会見で黒田博樹はそう言い、そして次のように続けた。
「その一球のために、どれだけ気持ちを込めて投げられるかと
考えたときに、日本でカープのユニホームを着て、
それが最後の一球になったとしても後悔はないと復帰を決断しました」
振り返れば、2006年に国内FA権を取得し他球団への移籍が噂されたとき、
黒田を思いとどまらせたのはファンが外野席に掲げたメッセージだった。
「我々は共に闘って来た 今までもこれからも… 未来へ輝くその日まで
君が涙を流すなら 君の涙になってやる Carpのエース 黒田博樹」
2008年にメジャーに挑戦しても、常に黒田の心には古巣への愛があった。
自分の野球を応援してくれる人がいる、陰で支えてくれる人がいる。
その人たちの前で、これが最後になってもいいという覚悟でプレーする。
人々の想いに、熱い気持ちで応えられる選手になりたい。

哲学

philosophy

人生は何に時間を費やし、
何にお金を投資し、
誰に出会い、
何の本を読むかで決まる。

佐々木洋 花巻東高校監督

菊池雄星、大谷翔平を輩出し、
花巻東を強豪校へと押し上げた佐々木洋監督。
意外にも大学時代の自分を「クラゲ人間だった」と評する。
何をするにも背骨のような芯がなく、ふにゃふにゃ。
そんな佐々木監督を変えたのは「読書」だった。
一流経営者の本などを読みあさった佐々木監督は、
「成功する人には共通点がある」ということに気づく。
その人生哲学は教え子たちにも受け継がれた。
人を知り、本を読む。それで野球も強くなる。

winter 討

挽回
make it up

誘惑に負けた後こそ、
たくさん練習する。
挽回して、引き分けに
持ち込め。　栗山巧

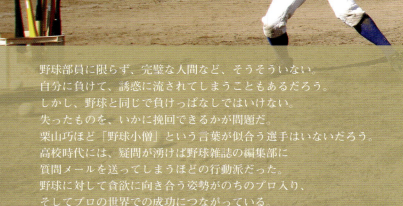

野球部員に限らず、完璧な人間など、そうそういない。
自分に負けて、誘惑に流されてしまうこともあるだろう。
しかし、野球と同じで負けっぱなしではいけない。
失ったものを、いかに挽回できるかが問題だ。
栗山巧ほど「野球小僧」という言葉が似合う選手はいないだろう。
高校時代には、疑問が湧けば野球雑誌の編集部に
質問メールを送ってしまうほどの行動派だった。
野球に対して貪欲に向き合う姿勢がのちのプロ入り、
そしてプロの世界での成功につながっている。

winter 討

グローブ

glove maintenance

日頃からグローブをちゃんと手入れしておくと、ピンチのとき、捕れそうもなかったボールが捕れることがよくあるんだ。

立浪和義　野村弘樹

今はモノがあふれ、昔ほど道具を大切にしないけど……と
言いながら、少年向けの共著に立浪和義と野村弘樹が書いた言葉。
確かに、「野球用具を大切にしよう」と言われても、
現代っ子には説教くさく感じてしまうかもしれない。
でも、捕れなかったボールが捕れるようになるなら話は別。
感謝と愛情を込めて磨いたグローブやスパイクには、
きっと不思議な野球の魔法がかかるのだ。
そんなバカなことがあるはずないって？
もちろん、信じるか信じないかは君の自由だけど。

winter 討

自分との戦い

get over yourself

敵と戦う時間は短い。自分との戦いこそが明暗を分ける。

王貞治

来る日も来る日も練習し、どんなに時間をかけて鍛錬しても、
野球はたったの2時間あまりで試合が終わってしまう。
試合が終わった後に、「もっとやっておけばよかった」と
後悔するのは、あまりに悲しく、寂しいことだ。
王貞治をはじめ、偉大な野球人たちの多くは、敵と戦う前に
まず「自分」と戦い、そして栄光を勝ち取ってきた。
勝負の前に「もうやり残したことはない」と思えるまで、
自分との戦いを勝ち抜くことができるかどうか。
勝負のときは、刻一刻と迫っているのだ。

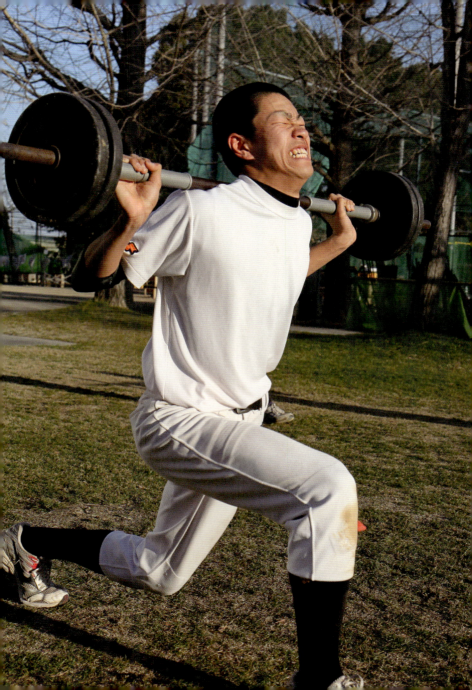

winter 討

大きいこと

something great

常識にとらわれたくないし、自分の限界を作りたくない。大きいことを成し遂げてみたいと思って目標を立てました。

大谷翔平

花巻東高校時代、大谷翔平はある目標を立てた。
それは「163キロを出す」という規格外のもの。
高校1年時から「2年後のドラフト1位間違いなし」と目された
金の卵だったが、故障もあり高校2年時の最高球速は151キロ。
誰もが無謀と感じた目標。しかし高校最後の夏、大谷は
奇跡的な進化を見せる。岩手大会準決勝6回表、2死満塁、
カウント3-2のピンチで投じた一球は「160キロ」。
それは常識も、人間の限界も関係ない未知の領域。
高校球界にとって初の「160キロ台」が計測された瞬間だった。

食べる

eating right

食べるタイミングや、バランスが重要だ。「一食」で急に人間の体は変わらない。

工藤公康

入念な身体のケアで知られる工藤公康。そのきっかけは、
若手時代の暴飲暴食がたたり、肝機能障害を患ったこと。
それ以来、徹底して「食」にこだわるようになった工藤は
見事に復活し、29年間にわたる息の長い現役生活を送った。
筋力トレーニングだけをやっても身体は強くも大きくもならない。
人間にとって必要な栄養を見直し、食事に取り組んでこそ、
野球に生きる身体を手に入れることができるのだ。
どのタイミングで何を食べたらいいのか。
今日から自分の身体のことを真剣に考えてみよう。

winter 討

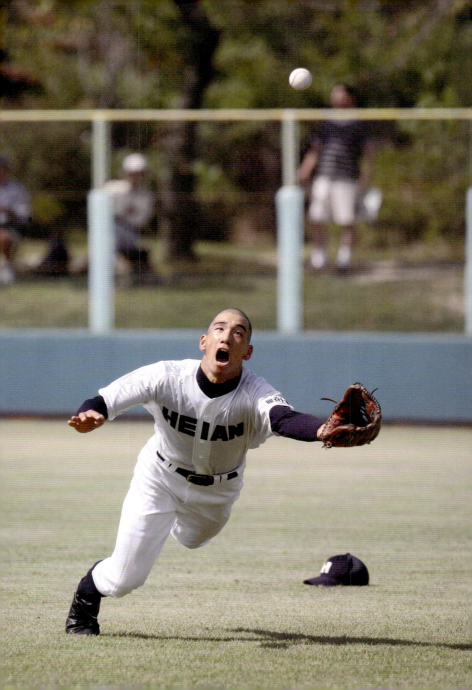

winter 討

わが道

find your way

今、歩いている道が
僕にとって最良で、
苦悩しながらも自分を貫くたびに
強くなれたんだと思います。

長野久義

人間は弱い。つい周囲に流されることも多い。
空気を読んだり、みんなが言うことに従ったりで、
自分の本意と違う行動をしてしまうこともあるだろう。
でも、"わが道"を行く強さを持った人もいる。
長野久義は2度にわたるドラフト指名を拒否。
回り道をしながら、初志を貫いて巨人入りを果たした。
そのことで、苦しい思いをしたこともあっただろう。
それでも、その道が最良だったと言えるのだ。
悩んだときは、自分の信念を曲げずに生きてみよう。

winter 討

続ける

keep on keeping on

1週間で350スイングするにしても、
1日に350スイングして
残りの6日を休むのではなくて、
1日50スイングを
毎日続けるほうが大事。
そういうことを
徹底できた人が最後には笑って、
いい結果が出せると思う。

丸佳浩

「毎日コツコツやれ」「継続が大事だ」——。
野球をやっていると、監督やコーチからよく言われる。
同じことを、キクマルコンビでブレイクした丸佳浩が
わかりやすい言葉で説明してくれている。
当てはまるのは、素振りだけじゃない。
すべての練習は、反復、継続することが大切なのだ。
昨日はがんばったから、
今日はちょっとサボろうか……。
そんな気分になったときは、「50×7」を思い出そう。

winter 討

花が咲く

blooming

みんな、咲いた花を見るのは好きだけど、
咲くまでの過程には興味がない。
花が咲くには、 強い根があってこそ。

小倉全由 日大三高校監督

甲子園優勝２回を誇る日大三高の闘将・小倉全由監督は、
胡蝶蘭を育てるのが趣味という意外な一面を持つ。
美しい花を咲かせるためには、まず強い根を張ることが大事。
その考え方は、高校野球にも通じると説く。
日大三の毎年恒例の冬合宿は、朝５時半から夜10時まで
練習漬けという壮絶なもの（小倉監督も走る！）。
日本一というきらびやかな「花」の地中には、
どこよりも追い込んだ練習で培ってきた「根」があった。

想い
make a wish

お前たちがどんなに
「勝ちたい」と思っても、
俺の想いを越えることはできない。
これは俺の一番の自慢だ。
悔しかったら、俺の想いを越えてみろ！

野々村直通 開星高校元監督

いかつい風貌と奇抜なファッションから"やくざ監督"とも
呼ばれた野々村直通監督。その勝利への執念は凄まじく、
試合に対して常に「命がけ」で臨んでいたという。
指揮官自らが誰よりも勝ちにこだわる姿勢が、
選手たちの闘争心を引き出し、開星は山陰・島根から
全国屈指の強豪校と渡り合うだけの力をつけた。
野球のルールブックにはまず「勝利を目指す」と書かれている。
勝ちにこだわってこそ初めて、野球というスポーツの真髄がわかる。

走る
run, run, run

走らざる者、
投げるべからず。

山本昌

「僕にはまだ、野球の神様から託された
使命があるのかなって思ってるんです。
野球の神様には、いつも上のほうからのぞかれている気がする」
だから現役最年長だった投手は、野球に対して嘘がつけなかった。
ダッシュ1本、サボらない。
山本昌がマウンドを去るとき、
それは投げられなくなったときではなく、
気持ちを込めて走れなくなったときだったのだろう。
「辞めようかなって思うと、できそうなところ、
手に届きそうなところに何かがあるんです。
そうやって野球の神様が偶然に次ぐ偶然を呼んでくれないと、
とても50歳までなんて野球、できませんからね」
とことん練習しよう。思いっきりプレーしよう。
結果は野球の神様が決めることだ。

8：2
eight to two

野球はつらいことが8割。
でも残りの2割のために
がんばるんです。

金本知憲

1492試合連続フルイニング出場の世界記録を持つ"アニキ"。
ケガにも屈しない強い肉体と精神力に憧れる球児も多いだろう。
しかし、金本知憲がプロ入団時、ガリガリにやせていたことを
知っている人はどれほどいるだろうか？
プロ入団から2年間は結果が残せず、前田智徳、江藤智など
年下の選手がスターに羽ばたく姿を横目に見ながら、
ひたすらトレーニングに励み、肉体を改造し続けた。
そして、そのつらい日々が金本の野球人生を大きく変えた。
ホームランを期待されていなかった非力な打者は、
プロ21年間で476本もの数字を積み上げることになる。

鉄を鋼に

steely mind

僕の弱い心を、
鉄を鋼にするかのように
親身になって鍛え上げて
くれた方たちがいた。

山口鉄也

練習嫌いで、つらいことを避け、楽な道ばかり選んでしまう。
ホールドの日本記録を持つ鉄腕・山口鉄也は、
意外にも自分自身をそのように厳しく分析する。
素材はよくても、なまくらだった"鉄"は、
なぜジャイアンツを支えるセットアッパーに変化したのか。
それは、数多くの人との出会いに恵まれたからに他ならない。
恩師、指導者、ときには関係ない他球団のスタッフまで。
育成選手からのシンデレラストーリーには、
ときに支えとなり、ときに鍛えてくれる人々がいた。
君たちの周りの口うるさい監督、コーチも、
鉄を鋼（はがね）の名刀に変えてくれる刀鍛冶なのかもしれない。

winter 討

光

glint

おれには、
いつも光が見えている。
この先目指す方向を指す、
光が見えている。

川﨑宗則

2年生1年生による新チームで初めて臨む秋季大会が
あっけなく終わってしまうと、野球部員には長くつらい冬が訪れる。
ひと冬の間に基礎トレーニングや走り込みで体幹を鍛え、
下半身をひと回り大きくするのだ。
すべては敵チームよりパワーアップして球春を迎えるために。
そして、ライバルとのポジション争い、背番号争いを勝ち抜くために。
甲子園とは無縁の野球部にいた川﨑宗則には、
負けても負けても目指すべき "光" が見えていた。
思えば "イチロー" を目指して中3から左打ちに転向した川﨑少年は、
いつしか憧れの存在と同じシアトルのユニフォームを着たのだった。
君が目指すべき "光" は見えているだろうか。

準備

ready, steady, go

妥協をたくさんしてきたし、
自分に負けたことも、いっぱいあります。
ただ、野球に関しては、それがない。

イチロー

野球で一番大切なこと、それは「準備」だとイチローは説く。
春が訪れるまでに、練習に耐えうる身体を作り
大会がはじまるまでに、想定しうるすべてを練習でこなしていく。
「やれることはすべてやったし、
手を抜いたことは一度もありません。
常にやれることをやろうとした自分がいたこと、
それに対して準備ができた自分がいたことを、
誇りに思っています」
「準備」はいいかい?
イチローの言葉を心に刻み、さあ、グラウンドへ——。

2007年夏の甲子園に出場した佐賀北高校の
奇跡の初優勝を知っていますか。
グラウンドは校庭でサッカー部と共用、1日の練習は3時間。
地元出身の選手たちが集う普通の県立高校が、
2回戦で宇治山田商を15回引き分け再試合の末に破り、
準々決勝では帝京に延長13回サヨナラ勝ち。
誰もが優勝するなんて思ってもみなかった佐賀北が、
決勝では広島の名門・広陵を相手に
8回裏1対4の劣勢から満塁ホームランで逆転して
深紅の優勝旗を手にしました。

あとがきにかえて
野球部の部室に掲げられている部訓、
「ピンチの裏側」を最後に贈ります。

ピンチの裏側

神様は決して
ピンチだけをお与えにならない

ピンチの裏側に必ず
ピンチと同じ大きさのチャンスを
用意して下さっている

愚痴をこぼしたり
やけを起こすと
チャンスを見つける目が曇り
ピンチを切り抜けるエネルギーさえ
失せてしまう

ピンチはチャンス
どっしりかまえて
ピンチの裏側に用意されている
チャンスを見つけよう

（佐賀北高校の野球部訓　山本よしき詩集『ピンチの裏側』）

出 典

P8-9　イチロー
「夢をつかむ　イチロー262のメッセージ」(ぴあ)より

P10-11　上原浩治
「闘志力　人間『上原浩治』から何を学ぶのか」(創英社/三省堂書店)より

P12-13　松井秀喜
「松井秀喜　困難を乗り越える言葉」(ぴあ)より

P14-15　工藤公康
「折れない心を支える言葉」(幻冬舎)より

P16-17　桑田真澄
「桑田真澄の常識を疑え! KUWATA METHOD」(主婦の友社)より

P40-41　川﨑宗則
「逆境を笑え　野球小僧の壁に立ち向かう方法」(文藝春秋)より

P52-53　桑田真澄
「桑田真澄の常識を疑え! KUWATA METHOD」(主婦の友社)より

P62-63　稲葉篤紀
「HOP STEP 稲葉JUMP！　いつも心に太陽を」(KKロングセラーズ)より

P74-75　三浦大輔
「逆境での闘い方　折れない心をつくるために」(大和書房)より

P78-79　松田宣浩
「松田宣浩メッセージBOOK　マッチアップ」(廣済堂出版)より

P86-87　松井秀喜
「松井秀喜　困難を乗り越える言葉」(ぴあ)より

P92-93　杉内俊哉
「コントロールする力　心と技の精度アップバイブル」(廣済堂出版)より

P96-97　工藤公康
「折れない心を支える言葉」(幻冬舎)より

P98-99　松井秀喜
「松井秀喜　困難を乗り越える言葉」(ぴあ)より

P104-105　上原浩治
「不変」(小学館)より

P116-117　イチロー
「イチローイズム　僕が考えたこと、感じたこと、信じること」
（集英社文庫）より

P122-123　上原浩治
「覚悟の決め方」（PHP新書）より

P130-131　立浪和義　野村弘樹
「立浪&野村が教える！　野球少年が親子でうまくなるプロ思考」（集英社）より

P136-137　工藤公康
「折れない心を支える言葉」（幻冬舎）より

P138-139　長野久義
「長野久義メッセージBOOK　信じる力」（廣済堂出版）より

P140-141　丸佳浩
「菊池涼介　丸佳浩メッセージBOOK　コンビスペシャル　キクマル魂」
（廣済堂出版）より

P150-151　山口鉄也
「山口鉄也メッセージBOOK　鋼の心」（廣済堂出版）より

P152-153　川﨑宗則
「逆境を笑え　野球小僧の壁に立ち向かう方法」（文藝春秋）より

P154-155　イチロー
「夢をつかむ　イチロー262のメッセージ」（ぴあ）より

このほか「野球太郎」「中学野球太郎」関連誌、「週刊プレイボーイ」をはじめとする雑誌インタ
ビューなどから引用させていただきました。すべての野球人のみなさまに感謝いたします。

写 真

茨木雅仁（下記のページを除く、すべての写真）
広島県生まれ。一級建築士。大学院まで建築を学ぶ。本業の傍ら、休日は高校野球などの写
真撮影を行っている。

矢内耕平（P5、6-7、16-17、24-25、28-29、42、60、118、119、128-129、140、154-155）
プロ野球観戦時には必ずグローブを持参するフリーカメラマン。本書にある王貞治さんの「努
力」の名言に感動。

「野球太郎」

プロからアマまで広い守備範囲を誇る野球専門誌。野球にかける
情熱、知識、全国に張り巡らされた情報網には定評がある。

石井孝

山本昌と生まれは一日違い。週末はひたすらグラウンド整備に捧げる
「球児の親」としての立場から名言集を企画、選考したライター。

ことだま 野球魂を熱くする名言集

編者　「野球太郎」編集部＋石井孝

2015年5月31日　第1刷発行
2016年2月6日　第4刷発行

発行者　石渡孝子
発行所　株式会社　集英社

〒101-8050
東京都千代田区一ツ橋2-5-10
編集部　03-3230-6206　販売部　03-3230-6393（書店専用）
読者係　03-3230-6080

印刷所　図書印刷株式会社
製本所　ナショナル製本協同組合

装　丁　コイグラフィー（鈴木ユキタカ　うえさかあらた）
写　真　茨木雅仁　矢内耕平
編　集　内山直之　菊地高弘
協　力　IMS.inc　寺崎敦（no.1）

造本には十分注意しておりますが、乱丁・落丁（本のページ順序の間違い
や抜け落ち）の場合はお取り替えいたします。購入された書店名を明記し
て、小社読者係宛てにお送りください。送料は小社負担でお取り替えいた
します。ただし、古書店で購入したものについてはお取り替えできません。掲載
の写真・記事等の無断転載・複写は法律で定められた場合を除き、著作
権の侵害となります。また、業者など、読者本人以外による本書のデジタル
化は、いかなる場合でも一切認められませんのでご注意ください。

© SHUEISHA
2015, Printed in JAPAN
ISBN978-4-08-730754-7　C0075